AF248473

OBSERVATIONS

SUR

QUELQUES ASSERTIONS

DE M. LAFITTE,

RELATIVES AU PROJET D'EMPRUNT DE 80 MILLIONS.

IMPRIMERIE DE MIGNERET , RUE DU DRAGON , N.º 20.

OBSERVATIONS

SUR

QUELQUES ASSERTIONS

DE M. LAFITTE,

RELATIVES AU PROJET D'EMPRUNT

DE

80 MILLIONS ;

PAR ARMAND SEGUIN,

MEMBRE CORRESPONDANT DE L'ACADÉMIE ROYALE DES SCIENCES.

> Dans les combinaisons d'un ordre élevé , saisir le moment opportun , c'est s'assurer l'un des auxiliaires les plus puissans des résultats des plans réalisables.

PARIS.

MAI 1828.

OBSERVATIONS

SUR

QUELQUES ASSERTIONS DE M. LAFITTE,

RELATIVES AU PROJET D'EMPRUNT DE 80 MILLIONS.

Il est préjudiciable, souvent même dangereux, de laisser passer sans contradiction des propositions hazardées, plus encore des propositions inexactes ou erronées, émanées d'autorités respectables, jouissant d'une assez haute réputation de capacité pour inspirer de la confiance.

Telle est la pensée qui me détermine à relever et à discuter quelques propositions du discours de M. Lafitte sur l'emprunt de 80 millions.

Plus M. Lafitte mérite d'égards, moins sa loyauté et la pureté de ses intentions sont contestables, plus on doit, dans l'intérêt de l'État, appeller l'attention des Chambres, du gouvernement et du public, sur celles de ses assertions qui pourraient être entachées d'erreur.

Voici dans quels termes s'exprime M. Lafitte :

« M. le Ministre des finances voulait d'abord
» des fonds en 5 pour cent : d'accord maintenant
» avec votre Commission, il y aurait faculté pour
» lui de créer un fonds nouveau en 4 pour cent. Cet
» amendement est une amélioration ; mais la loi
» doit-elle se borner là ?

« Je ne m'attacherai pas à vous recommander
» la forme des 3 pour cent, malgré l'évidence de
» ses avantages ; mais je m'attacherai à vous démon-
» trer que, fallût-il créer un fonds nouveau, tout
» fonds vaudrait mieux pour l'État que le 5 pour
» cent.

« En effet, Messieurs, le cinq pour cent, comme
» l'indique le mot lui-même, coûte à l'État 5 pour
» cent d'intérêts ; il est vrai que l'État ne s'oblige
» à rembourser le capital qu'à 100, et que créant
» un fonds nouveau, si l'on payait moins d'intérêt,
» on serait obligé de reconnaître un capital nomi-
» nal plus fort. Mais de là naît une question fort
» controversée, qui n'en serait pas une, si l'on
» avait mieux réfléchi sur la nature des fonds pu-
» blics : des deux offres suivantes, laquelle est la
» plus avantageuse ? en recevant 100 millions, par
» exemple, reconnaître 100 millions, mais payer 5
» millions d'intérêt ; ou bien reconnaître 133 mil-
» lons un tiers de capital, et payer seulement 4
» millions d'intérêts.

« Le problème, Messieurs, n'est pas difficile à
» résoudre ; dans le premier cas, on ne s'oblige à

» rembourser que les 100 millions qu'on a reçus,
» et l'on crée une charge de 5 millions pour les inté-
» rêts ; dans l'autre, on promet 133 millions un tiers
» et l'on élève ainsi le capital d'un tiers, mais ne
» payant que 4 millions d'intérêts, au lieu de 5 mil-
» lions, il est positif qu'il y a 1 million par an d'éco-
» nomie ; or, ce million d'économie n'est-il pas un
» amortissement tout trouvé? Combien de temps
» faut-il à un million pour racheter 133 millions par
» la forme de l'intérêt composé? Trente-six années.
» Au bout de trente-six ans donc, il ne restera rien
» de l'emprunt à 4 pour cent, puisque le million d'é-
» conomie aura absorbé la dette ; et si l'emprunt
» en 5 pour cent dure encore, il y aura toujours à
» servir les intérêts de 5 millions, ou à rembourser
» le capital de 100 millions tout entier. »

Dans ce peu de mots apparaissent deux énormes défectuosités.

1°. Erreur inconcevable de calcul ;

2°. Véritable roman substitué à la réalité.

D'abord, M. Lafitte sort des bases du projet de loi et des modifications que paraitrait vouloir y apporter la commission.

Ainsi il fonde ses raisonnemens sur une création de 3 pour cent, dont il n'est nullement question, ni dans le projet de loi présenté, ni dans le projet amendé par la commission. Quoique M. Lafitte ne propose pas positivement une nouvelle émission de 3 pour cent, il faut cependant bien la déduire de ses raisonnemens dont elle est une inévitable conséquence.

En effet, reconnaître 133 millions un tiers de capital, et payer seulement 4 pour cent d'intérêt, en recevant 100 millions, cela ne pourrait avoir lieu qu'autant que l'emprunt se ferait à l'intérêt de 4 pour $_0/^o$ sur des 3 pour cent, négociés à 75 f. pour 3 fr.

M. Lafitte pose ensuite cette question :

« Combien de temps faut-il à un million pour » racheter 133 millions par la forme de l'intérêt » composé ? »

Il la résout ; il trouve qu'il ne lui faudrait que

36 années.

M. Lafitte, en employant des calculs convenables, aurait obtenu cette autre solution vraie :

La complète libération faite au pair ne pourrait avoir lieu qu'en

54 a. — 5 m. — 8 j.

Il y a déjà ici entre la fiction et le résultat réel une différence de plus de

18 années.

Une telle erreur qui tierce, et au-delà, la durée de la libération présentée par M. Lafitte, vaut bien la peine d'être signalée, ne fût-ce que pour convaincre que le calcul de M. Lafitte ne saurait être présenté ni admis sous l'égide de l'infaillibilité.

Mais veuillons supposer pour un instant exactitude dans les chiffres de M. Lafitte : qu'en résulterait-il ?

Qu'un emprunt de 100 millions, fait à l'intérèt de 4 pour cent, sur des 3 pour cent, négociés à 75 f. et rachetés en 54 années au taux constitué avec une dotation de un million, assurerait au gouvernement emprunteur, comparativement à un emprunt de pareille somme qu'il ferait à l'intérêt de 5 pour 100 sur des 5 pour cent, un bénéfice de 100 millions, au bout de 54 ans.

Mais si l'emprunteur y gagnait 100 millions, on pourrait de ce même résultat déduire la conséquence, qu'avec de telles bases, un prêt de 100 millions présenterait aux prêteurs, comparativement à un placement de pareille somme qu'ils pourraient faire sur la place, à l'intérêt de 5 pour 0/0 sur des 5 pour cent, une perte de 100 millions.

Dès-lors, tant qu'il existera des 5 pour cent en circulation, M. Lafitte pourrait-il se faire l'illusion de supposer qu'on trouverait des prêteurs assez dépourvus de sens, assez ineptes, ou assez ennemis de leurs intérêts, pour placer leurs capitaux dans un emprunt établi sur de telles bases ?

Il est donc évident que M. Lafitte a substitué un roman à la réalité

En vain dirait-on que, puisqu'on aurait pu trouver des prêteurs sur des 5 pour cent donnés à 75 f. pour 5 f. , il est présumable qu'on en trouverait encore.

D'abord , l'expérience n'est pas encore venue confirmer réellement cette présomption. — D'ailleurs, elle aurait été appuyée d'un fonds d'amortissement de plus de 77 millions. Et qui pourrait encore nous affirmer que les prêteurs n'auraient pas aujourd'hui à se repentir de leur confiance ?

Combien la position où les placerait M. Laffite serait encore plus épineuse ? car pour un emprunt de 100 millions, il ne leur donnerait qu'une dotation de un million, c'est-à-dire, de moins de un pour cent relativement au capital constitué, tandis que leur amortissement actuel est de plus de 13 pour cent.

Si nous ne voulons pas nous repaître d'illusions, nous ne devons jamais perdre de vue ces vérités, guides infaillibles des emprunteurs et des prêteurs :

Tout emprunt fait à un taux d'intérêt quelconque, au-dessous de 5 pour o/o, sur des rentes créées à un intérêt moins élevé, doit présenter l'un de ces trois résultats ;

1.° Comparativement au taux légal de 5 pour cent, pris comme unité, il peut y avoir bénéfice pour l'emprunteur ;

2.° Ou, d'après les mêmes bases, il peut y avoir bénéfice pour le prêteur ;

3.° Ou enfin, d'après les mêmes bases, l'emprunteur et le prêteur peuvent être dans une position semblable à celle que leur présenterait un emprunt fait à l'intérêt de 5 pour $^o/^o$ sur des 5 pour cent.

Dans ces trois positions, et d'après les mêmes bases, il y a nécéssairement balance entre les bénéfices ou les pertes des emprunteurs, et les pertes ou les bénéfices des prêteurs.

La troisième de ces positions est la seule qui puisse donner l'espoir de la réalisation d'un projet d'emprunt.

La première étant ruineuse pour les prêteurs ne doit être considérée que comme un rêve.

La seconde étant ruineuse pour les contribuables, le Gouvernement devrait éviter toute combinaison qui nous y placerait.

Mais pour apprécier exactement la latitude des avantages ou des désavantages que peuvent présenter les deux premières positions, il faut nécessairement établir tant pour l'emprunteur que pour le prêteur la balance entre les bénéfices et les pertes possibles de chacun d'eux.

Si, dans cette balance, l'augmentation du capital constitué, déboursé pour opérer la libération, dépasse la somme que donne en capital et intérêts la diminution des arrérages, il y a perte pour l'emprunteur et bénéfice pour le prêteur.

Dans le cas contraire, le résultat est inverse.

Mais comme dans l'établissement de ces balances la somme du bénéfice pour l'emprunteur, et conséquemment des pertes pour les prêteurs, résultant des moindres arrérages se renouvelle chaque année, tandis que l'augmentation du capital déboursé pour la libération constitue une perte pour l'emprunteur, et conséquemment un avantage pour le prêteur, qui ne s'acquitte qu'une seule fois, il en résulte que, dans le compte de balance, la première de ces bases doit porter intérêt, tandis que la seconde ne doit pas en porter.

D'où il suit que plus la durée de la libération sera prolongée, et plus l'importance de l'avantage ou du désavantage obtenus sur les arrérages s'accroîtra.

Or comme, à égalité d'autres circonstances, la durée de la libération marche en sens inverse de l'importance de la puissance amortissante, il en résulte que plus la dotation serait considérable, et moins la durée de la libération serait prolongée.

D'où l'on peut conclure que tout emprunt fait à des taux d'intérêt quelconques sur des rentes constituées à un taux d'intérêt moins élevé ne peut avoir de réalisation si l'importance du bénéfice pour l'emprunteur, et conséquemment de la perte pour le prêteur, en capital et intérêts, sur les arrérages, dépasse l'augmentation possible payée pour la libération en faveur des prêteurs et au détriment de l'emprunteur sur le capital de l'emprunt.

Or, pour éviter cette position, obstacle invincible à la réalisation d'aucun emprunt, et pour obtenir cette autre position indispensable à la réalisation savoir : une juste compensation pour les prêteurs de leur perte sur les arrérages, il faudrait, pour un emprunt de 100 millions fait à 4 pour cent d'intérêt sur des 3 pour cent rachetés à leur taux constitué, il faudrait, dis-je, assigner à cet emprunt une dotation de

4,911,000 fr.

Et, dans ce cas, la durée de la complète libération serait de

20 ans, 1 mois, 6 jours.

Durée qui ne devrait pas s'étendre au-delà pour qu'aucun des prêteurs ne courût la chance d'être dans une position matériellemnt plus défavorable que celle où ils se trouveraient en prêtant à l'intérêt de 5 pour % sur des 5 pour cent.

D'après les propositions de M. Laffitte, en les supposant même inattaquables dans leurs chiffres, la durée de la complète libération serait de plus de 54 années.

Et l'importance de la puissance amortissante ne serait que de

1,000,000 fr.

D'où il résulte, qu'un emprunt proposé sur de telles bases ne serait pas réalisable, parce que les chances de pertes pour les prêteurs seraient plus considérables que leurs chances d'avantages , et parce que plus de la moitié de l'ensemble des prêteurs éprouverait une perte inévitable.

En poussant plus loin les conséquences des principes ci-dessus , on peut se convaincre que la modification présentée par la commission , et qui serait de créer des rentes à 4 pour cent, serait au moins intempestive , et, dans l'état des choses , non-réalisable, au moins pour l'instant.

En effet, en appliquant à cette nouvelle position des calculs soumis aux principes ci-dessus qui devraient les diriger, on reconnaîtrait avec évidence que pour qu'un emprunt fondé sur de telles bases fût réalisable , il faudrait que la puissance amortissante fut bien plus considérable qu'on ne la propose.

C'est en me fondant sur l'ensemble de ces principes, qui pour moi sont des vérités démontrées, que je n'ai cessé de répéter :

1.° Que , dans notre position rentière , un emprunt réalisable fait à 4 pour $^o/_o$ sur des 3 pour cent, serait plus désavantageux qu'un emprunt de pareille somme fait à 5 pour $^o/_o$ sur des 5 pour cent ;

2.° Que dans notre position rentière, il n'y a qu'une combinaison d'ensemble qui puisse nous sortir de la position financière embarrassante et difficile dans laquelle nous nous trouvons.

Certes, il aurait été bien désirable que, dès cette

année , on eut pu proposer (fût-ce même pour n'a-
voir d'exécution qu'en 1830), un plan d'ensemble
sur notre position rentière.

En attendant, l'emprunt de 80 millions , fait sur
des 5 pour cent, se réalisera , même au pair, malgré l'incertitude des bases accessoires; pour moi
je n'en ai pas le moindre doute.

Mais si de nouveaux besoins commandaient par
la suite d'autres emprunts , il serait indispensable ,
pour les réaliser à des conditions encore plus avan-
tageuses , de les dégager des incertitudes que nous
laisse aujourd'hui l'application future des fonds
de l'amortissement , et préalablement de présenter
et d'arrêter un plan d'ensemble sur notre situation
rentière.

Si M. le Ministre des finances a ajourné de sem-
blables conceptions on doit penser que cet ajournement lui a été dicté par un religieux respect
pour des engagemens pris jusqu'en 1830, en faveur
des 3 pour cent, engagemens qu'on ne doit jamais
tromper, quel qu'en ait été l'esprit.

Confiant en sa sagesse et en la pureté de ses
intentions, il serait donc injuste de déduire de
cet ajournement aucune induction défavorable ;
mais, dans l'attente du bien, et sur-tout du mieux,
on ne peut être blâmable d'exprimer le besoin
d'en jouir le plus promptement possible.

Le mieux désirable serait d'obtenir dans une
combinaison d'ensemble les résultats suivans :

Que la durée de l'amortissement ne se trouvât pas plus prolongée qu'elle ne le serait dans la position où l'on nous a placés :

Que les débours des contribuables ne fussent pas augmentés :

Et que les combinaisons fussent telles qu'on pût y puiser, en cas de nécessité ou de convenance, un secours de plus de six cents millions, réalisables et disponibles seulement à l'époque des besoins ; et cela sans recourir à des augmentations de charges, soit pour satisfaire aux arrérages, soit pour effectuer la libération.

Tels sont les résultats d'un nouveau plan que j'ai conçu dans le but d'une restauration absolue.

Sans doute, du moins je l'espère, ce plan obtiendra l'assentiment du Gouvernement, des Chambres et du public ; mais dans le but d'en faire mieux apprécier l'utilité, la convenance et l'opportunité, je juge convenable de ne le distribuer que peu de temps avant l'époque où l'on se proposera de soumettre aux Chambres une discussion sur l'amortissement.

Cette direction m'est surtout tracée par la pensée, qu'une longue expérience a enracinée en moi, que :

En tout point important, il est généralement plus difficile de faire du bien aux autres que de s'en faire à soi même.

Armand SEGUIN.